SUR GRIN VOS CONNAISSANCES
SE FONT PAYER

- Nous publions vos devoirs
  et votre thèse de bachelor et master

- Votre propre eBook et livre –
  dans tous les magasins principaux du monde

- Gagnez sur chaque vente

Téléchargez maintentant sur www.GRIN.com
et publiez gratuitement

Bibliographic information published by the German National Library:

The German National Library lists this publication in the National Bibliography;
detailed bibliographic data are available on the Internet at http://dnb.dnb.de .

Imprint:

Copyright © 2017 GRIN Verlag
Print and binding: Books on Demand GmbH, Norderstedt Germany
ISBN: 9783668724433

This book at GRIN:

https://www.grin.com/document/428845

Sofie Neu

L'image de Berlin dans "Souvenirs de Berlin-Est" de Sophie Calle

GRIN Verlag

GRIN - Your knowledge has value

Since its foundation in 1998, GRIN has specialized in publishing academic texts by students, college teachers and other academics as e-book and printed book. The website www.grin.com is an ideal platform for presenting term papers, final papers, scientific essays, dissertations and specialist books.

Visit us on the internet:

http://www.grin.com/

http://www.facebook.com/grincom

http://www.twitter.com/grin_com

SE Berlinromane der französischen Gegenwart
WS 2016/17
Humboldt-Universität zu Berlin

L'image de Berlin dans

Souvenirs de Berlin-Est

de Sophie Calle

Sofie Neu

Master Europäische Literaturen
1. Fachsemester

abgegeben am 30.03.2017

Sommaire

1. Sophie Calle et son art

Sophie Calle, née à Paris le 9 octobre 1953, est une artiste française photographe, écrivaine et réalisatrice dans l'art conceptuel. Ici, l'art est défini non par les qualités esthétiques des œuvres, mais seulement par le concept ou l'idée de l'art.

Sophie Calle habite à Malakoff près de Paris et à New York. Elle travaille d'abord dans un bar et comme danseuse. Après un voyage de sept ans elle rentre à Paris et débute dans l'art en rélaisant son premier projet, dans lequel on trouve déjà les méthodes aujourd'hui typique d'elle : Elle décide de suivre des inconnus dans la rue pour retrouver Paris à travers les trajets des autres. Bientôt, elle photographie et note les déplacements (*Filatures parisiennes*, 1978/1979).

En ce qui concerne la forme de ses œuvres elle travaille en installation, photographie, vidéo, film et texte – la plupart de temps avec des situations très intimes et personnelles. En confrontant les photographies et les textes, elle emprunte un style descriptif du reportage ou documentaire ou de l'inventaire et de l'archive. De contenu, la réalité et la fiction sont confrontées l'un à l'autre. Parfois les photographies ne sont pas prises par elle-même, comme dans le cas du projet *La Filature* (1981), où elle avait demandé à sa mère d'embaucher un détective qui lui suivait. Elle présente les photos que le détective avait pris d'elle, les confrontées à des notes qu'elle avait prise lorsqu'elle était suivie.

Ses sujets générales sont souvent la disparition de personnes ou d'objets, l'absence, la mise en scène d'elle-même, les histoires et mémoires personnelles et l'installation des situations intimes. Comme stratégies artistiques on peut compter l'observation et même l'espionnage, l'enquête (par exemple dans *Les Aveugles* de 1986 elle demande à des aveugles de naissance qu'elle est leur image de la beauté), la redistribution des rôles, la mascarade et les fausses identités (comme dans *Gotham Handbook* de 1994, où elle mélange sa propre vie avec la fiction d'un personnage d'un roman de Paul Auster), ainsi que la concaténation de sa propre biographie avec celles des autres :

« Als fotografierende Detektivin wird sie beschrieben, als Spurenleserin und Statistin des Banalen, als persiflierende Händlerin von Informationen, als Rechercheur des menschlichen Erinnerungsvermögens, als Verfolgerin, als Penetrantin des Privaten und Intimen. »[1]

En 1980 elle est invitée à la Biennale de Paris avec son travail *Les Dormeurs* pour lequel elle avait demandé à des inconnus et amis de venir dans son lit afin d'être interviewés et photographiés. Le Centre Georges-Pompidou lui a consacré une exposition intitulée *M'as-tu vue* en 2004[2]. Puis elle a représenté la France à la Biennale de Venise 2007 avec deux œuvres : *Prenez soin de vous*, une lettre de rupture d'un ancien amant de Sophie Calle, interprétée par 107 femmes de différents professions, et *Pas pu saisir la mort*, une vidéo qui traite le décès de sa mère qui se passait en même temps qu'elle avait reçu l'invitation à la Biennale.

Aux éditions *Actes Sud*, Sophie Calle a publié de nombreux livres.[3] Elle ne publie pas seulement des catalogues de ses expositions mais sort des livres artistiques. Elle est représentée par la Galerie Perrotin[4] à Paris et par la Galerie Arndt[5] à Berlin.

2. La combinaison de texte et image chez Sophie Calle

Un genre spécial de l'art conceptuel dont Sophie Calle fait partie s'appelle *Story Art* ou en français l'art narratif. L'art conceptuel se forme dans les années 60 et a depuis toujours utilisé le texte et la photographie pour documenter les œuvres qui sont souvent des *Happenings*. L'art narratif, lui n'essaie plus d'être objectif dans ces représentations mais prend des histoires personnelles comme point de départ.[6]

Le plus souvent chez Sophie Calle ce sont les récits d'histoires qu'elle a vécues, comme dans *Histoires vraies* (1988-2003), mais avec une certaine fictionalité. En 1972 l'historien de l'art suisse Harald Szeemann appelle ca les « mythologies individuelles » ou « mythologies personnelles ». Ce terme reprend l'idée des mythologies moderne de Roland Barthes et décrit que l'individu moderne met en

[1] Inka Schube: *Dekonspiration und Mimikry. Die Bemächtungsstrategien der Sophie Calle*, dans: *Sophie Calle. Spectrum - Internationaler Preis für Fotografie der Stiftung Niedersachsen*, catalogue de l'exposition *Sophie Calle*, 30 juin – 22 septembre, Sprengel-Museum Hannover, Köln 2002, S. 20.
[2] Centre Pompidou: *Sophie Calle. M'as-tu vue*, Dossier de presse, https://www.centrepompidou.fr/media/document/33/a6/33a672f067dc64d39997b59d44703d3a/normal.pdf (consulté le 24.03.2017).
[3] Actes Sud, http://www.actes-sud.fr/contributeurs/calle-sophie (consulté le 24.03.2017).
[4] Galerie Perrotin, https://www.perrotin.com/artists/Sophie_Calle/1#news (consulté le 24.03.2017).
[5] Galerie Arndt, http://www.arndtfineart.com/website/artist_937?idx=c (aufgerufen 24.03.2017).
[6] Vgl. Stefanie Rentsch: *Hybrides Erzählen. Text-Bild-Kombinationen bei Jean Le Gac und Sophie Calle*, München 2010, S. 13.

scène l'histoire de sa propre identité.[7] Elle raconte ses histoires mais aussi les histoires d'autres personnes toujours dans la combinaison de photographie et texte, les textes sont souvent fragmenté et court. Calle, même si elle était souvent considérée comme une photographe, se disait être une « artiste narrative » ou « faiseuse d'histoires ».[8] Ses œuvres jeunes étaient même parfois plutôt vues correspondre au genre de la littérature :

> « Oft muten Calles Bild-Text-Zyklen an wie Erlebnisberichte, denen fotografische Bilder als Illustrationen, Beweise und statistische Aufzeichnungsmaterialien lediglich beigeordnet sind. »[9]

Mais ca reste difficile de définir une hiérarchie entre les deux médias, car les séries ne fonctionneraient pas avec seulement un de deux. Peut-être la qualité de ses photographies se trouvent surtout dans leurs connexions avec d'autres systèmes de signe :

> « Ganz ähnlich wie der Ikonologe, der ebenfalls innerhalb des Indizienparadigmas operiert, ist Calle weniger am Inhalt ihrer Bilder interessiert, als an den Spuren, die sie tragen. »[10]

A part de nombreuses installations relatives à un endroit, elle a depuis les années 70 réalisé plus de 25 œuvres de photographie plus texte. Son médium de référence pour ses histoires est le livre. Après ses expositions, il y avait pas seulement les catalogues mais souvent des livres d'art graphiquement riche.

Dans ce contexte la photographie fonctionne comme médium indexical qui prouve que l'objet représenté a vraiment existé au moment de la prise. La photographie est vue ici comme preuve et mémoire de données. Elle est la connexion entre le passé montré et le présent du contemplateur.[11] Depuis son invention, la photographie prend une immense place dans la culture de mémoire. Le mémoire constitue aussi l'identité

---

[7] Voir par exemple Magali Nachtergael: *Les Mythologies individuelles. Récit de soi et photographie au 20e siècle*, Amsterdam 2012.
[8] Rentsch 2012, p. 16f.
[9] Schube 2022, p. 19.
[10] Elisabeth Strowick: *Intime Akte(n). Theoretische „Annäherungen" an die Arbeiten von Sophie Calle*, dans: *Sophie Calle. Spectrum - Internationaler Preis für Fotografie der Stiftung Niedersachsen*, catalogue de l'exposition *Sophie Calle*, 30 juin – 22 septembre, Sprengel-Museum Hannover, Köln 2002, p. 145.
[11] Cf. Rentsch 2012, p. 54-56.

d'une personne, les mémoires visuels qui sont les photographies, contribuent énormément à ce travail de mémoire.[12] C'est pour ca que les œuvres de Calle font penser à des documentaires, archives ou dépôts de mémoire.[13] Sachant que ses documents sont des documents scénarisés et que ses « histoires vraies » peuvent être romancées.

Au premier abord les séries de Calles font penser à un album de famille, mais on apercoit un volonté de relevé des empreintes, accentué avec la lecture des textes : « [...] um Tatorte und Fundsachen; um Befunde und Beweise dreht sich die Arbeit Calles. »[14]

Dans la combinaison avec le texte, Sophie Calle assemble deux modes de perception différents, « lire » et « voir ». Stefanie Rentsch connecte ces œuvres et l'art narratif en général avec le terme des « hybrides ».[15] Pour elle, deux aspectes de ces hybdrides sont surtout paradigmatiques pour le travail de Sophie Calle :

> « Das Aufweichen der traditionellen Medien-, Gattungs- und Fächergrenzen sowie die Frage nach der Darstellung von Identität im Spannungsfeld der Aufhebung der Grenze zwischen Realität und Kunst, zwischen Fakt und Fiktion. »[16]

Les histoires de Sophie Calle combinent la sémantique, la théorie des images et la psychanalyse.[17]

Quand elle traite pas sa propre perception de monde, elle nous présente les perceptions des autres :

> « Selbst dort, wo sie nicht 'im Bild' ist, wo sie als Protokollantin von Versuchsanordnungen, in denen sie Regie führt, 'unsichtbar' in Erscheinung tritt, scheint es, als würde sie sich über diesen Weg ihres Zugriffs auf die Welt versichern. »[18]

Comme dans son œuvre *Souvenirs de Berlin-Est*, qui est le prochain sujet.

---

[12] Cf. Rentsch 2012, p. 57.

[13] Voir par exemple: Hubert Gaßner: *Sophie Calle*, dans: *Deep Storage. Arsenale der Erinnerung. Sammeln, speichern, Archivieren in der Kunst*, édité par Ingrid Schaffner und Matthias Winzen, München/New York 1997, p. 96ff.

[14] Strowick 2002, p. 144.

[15] Rentsch 2012, p. 17.

[16] Rentsch 2012, p. 19.

[17] Cf. Schube 2002, p. 20.

[18] Schube 2002, p. 21.

3. Le projet *Souvenirs de Berlin de l'Est* (1996)

Le pistage, l'intimité, la répétition, le tabou, l'atteinte à la vie privée, la proximité, la perte, le désir, le mémoire, se sentir étrangère, et l'absence sont alors souvent des notions qu'on retrouvent dans les œuvres de Sophie Calle. Surtout la dualité de présence et absence est un élément central. Dans beaucoup de ces œuvres l'artiste n'apparaît pas physiquement, mais agit comme réalisatrice ou comme auteur des textes. Losqu'elle est visible, c'est en déguisement ou dans un rôle ou alter ego. *Souvenirs de Berlin de l'Est* était son premier projet en Allemagne qui avait pour sujet l'enlèvement des symboles et monuments politiques après la chute de la RDA. Sophie Calle a réalisé une série de douze photos, tout en questionnant les passants sur les monuments fraîchement démontés. L'œuvre a était pour la première fois présenté du 26 octobre au 8 décembre 1996 sous le titre « The Detachment - Die Entfernung » au Galerie Arndt à Berlin. Dans l'exposition les images étaient mises dans des grands cadres en bois avec le livre publié avec l'exposition en dessous, ouvert à la page dont le texte correspond avec l'image (Fig. 1).

Comme elle le raconte au début du livre, en 1996 un galeriste berlinois, Matthias Arndt, la propose une exposition. Elle ne connaissait pas du tout l'Allemagne mais avait envie de faire quelque chose qui était réalisable qu'à Berlin. Pendant que le galeriste lui parlait de sa ville, elle avait elle eu l'idée de chercher les traces de disparition de certains symboles politiques.[19]

Après la réunification de l'Allemagne, il s'est passé quelque chose qu'on appelle dans l'histoire de l'art « l'iconoclasme politique », en allemand *politisch motivierter Ikonoklasmus* ou *Denkmalsturz* : Le terme « iconoclasme » veut dire la destruction délibérée d'images, c'est-à-dire de représentations religieuses de type figuratif et généralement pour des motifs religieux ou politiques.
Ca concerne les symboles de pouvoir d'un gouvernement après une chute de souverain ou après l'effondrement d'un système politique comme c'était le cas en Allemagne de l'Est. Les symboles qui servaient à légitimer et maintenir le système étaient tout d'un coup vus comme dangereux ou plus souhaitables.
Sophie Calle décrit au début du livre la situation et liste les symboles perdus. Elle antépose une citation de la Chambre de députés de juin 1992 :

---

[19] Sophie Calle: *Souvenirs de Berlin-Est*, Paris 2013, p. 5.

> « Dès lors qu'un système de gouvernement se dissout ou se fait renverser, ses monuments – du moins ceux qui servaient à légitimer et à maintenir son emprise – n'on plus de raison d'être. »[20]

Il s'en suit une liste sénatoriale du sénat avec les différentes méthodes de traitement des symboles: Démanteler, conserver, conserver avec un autre texte, remplacer, transformer, donner des annotations.[21]

Sur la page suivante, en écriture rouge, Sophie Calle explique sa méthode artistique:

> « À Berlin, de nombreux symboles de l'ex-Allemagne de L'Est ont été effacé. Il en reste des traces. J'ai photographié cette absence et interrogé les passants. J'ai remplacé les monuments manquants par le souvenir qu'ils ont laissé. »[22]

Elle montre toujours d'abord la situation après le *Denkmalsturz*, alors les traces qui restent avec une photographie grande et en couleur prise par elle-même. Sur l'autre coté se trouvent les souvenirs des passants - anonymes et sans information d'âge ou sexe etc. Des petits étoiles rouges se trouvent entres les phrases. A coté se trouve une photographie historique, en noir et blanc, montrent comment était l'endroit avant la destruction de ces monuments. Cette comparaison avant-après ne montre pas le moment crucial, l'enlèvement n'est jamais montré ce qui laisse a l'observateur de s'imaginer ce qui s'est passé entre la prise de ces deux images juxtaposées.

Les symboles et monuments étaient des statues, reliefs, bustes et plaques, mais aussi la Garde d'Honneur de la *Neuen Wache* et le nom d'une rue qui était changé :

> « The common appreciation of these objects has little to do with either cultural value or the representation of political ideology: their value lies in the way they interacted in the lives of those who viewed them every day. »[23]

Comme il y a plusieurs représentations de Lénine, c'est intéressant de comparer les différents types d'absence:

La buste de Lénine devant L'ambassade de Russie (Fig. 2) était juste caché dans une boite en bois, ce qui donne envie de l'ouvrir et met le doigt sur l'objet, comme un

---

[20] Calle 2013, p. 6.
[21] Cf. Calle 2013, p. 8f.
[22] Calle 2013, p. 11.
[23] Debra Hoadley: *Time and place in the books of Sophie Calle*, Melbourne 2015, p. 163.

passant décrit : « Je vois la boîte, mais je sais qu'il est là, dessous, et je peux me le représenter. »[24] Le vide laissé par la statue de Lénine Place des Nations-Unies (Fig. 3), n'a toujours pas été remplacé par un autre monument. L'image le plus connu est sans doute celui du Palais de la République (Fig. 4) : Ici il reste juste le cadre en métal vide qui portait les insignes de la RDA, faucille et marteau dans un chapelet. Ca semble brut et intensifie encore l'espace vide : « Ils auraient dû l'enlever tout à fait. La structure, le cadre vide, ne fait que rendre l'absurdité encore plus manifeste. C'est comme si on se moquait d'un vieillard décrépit. » Cette phénomène que l'espace vide rend le souvenir de l'objet juste plus fort, arrive aussi devant la statue de Lénine : « À chaque fois qu'il m'arrive de passer ici, je suis conscient de ce vide. »[25] Un autre passant aborde la question de la fonction d'un objet pour se souvenir avec son récit : « Ce devait être un lundi matin à l'aube. Ils l'ont démoli avec un pied-de-biche. A présent il s'est évanoui et peut-être avec lui, la possibilité de se souvenir. »[26] Les réponses, les souvenirs, remplacent l'objet perdu :

> « The transcribed texts are made into replacement objects that recall the original in size, form, in the narrative that stands for their content and in indications of the original style of the work. »[27]

Pour chacun monument l'artiste assemble quelques réponses qui donne une impression afin de former un mosaïque des avis, qui ne peuvent bien sûr pas être vraiment représentatifs. Les monuments prennent d'autres connotations par la vie quotidienne des citoyens que dans les définitions officielles. Chaque monument évoque des réactions, émotions, souvenirs et histoires très différents, parfois c'est même difficile de reconnaître le même monument par les descriptions très vaste.[28] On peut créer des types de réponses: Il y a ceux qui ont des souvenirs très précis, d'autres pas du tout ou complètement faussé. Il y a ceux qui disent que le monument leur manque personnellement ou que la destruction n'était pas juste. Parfois ils créent un lien avec la politique, parfois ca reste très personnel. Il y a aussi les gens qui ressentent une certaine joie que le monument ait disparu, parce qu'il le trouvait

---

[24] Calle 2013, p. 13.
[25] Calle 2013, p. 21.
[26] Calle 2013, p. 43.
[27] Hoadley 2015, p. 148.
[28] Cf. Malene Vest Hansen: *Public Places - Private Spaces Conceptualism, Feminism and Public Art: Notes on Sophie Calle's The Detachment, Konsthistorisk tidskrift/Journal of Art History*, 71:4 (2002), S. 194-203, p. 199.

laid ou ca représentait quelque chose qu'ils détestaient. Le style des monuments est vu de beaucoup de façon différentes : « C'était un mélange de style ridicule », pendant qu'un d'autre constate : « D'un point de vue esthétique, il ne m'a jamais fait une impression négative. »[29] Le Lénine de l'ambassade de Russie est par exemple une fois décrit avec « un regard calme, sublime. Omniscient. [...] Comme dans les vieilles photos, quelqu'un de très grave et d'une grande sagesse. «, mais dans la réponse suivante avec « une tête de monstre. Comme ces personnages dans les films d'épouvante [...] ».[30] Ici on aperçoit aussi que l'objet qui représentait Lénine est personnalisé, il n'est pas question de l'objet, mais de Lénine lui même. Parfois la représentation est même chargé avec des interprétations très éloignés: « À sa façon il faisait de la résistance. »

Pendant que certains passants restent très neutres et indifférents (« Je n'ai que des vagues souvenirs. Disons que je n'entretenais pas exactement avec lui ce que l'on pourrait appeler un rapport personnel. Il ne m'a jamais vraiment intéressé. [...] »[31]), au contraire, d'autres personnes sont très émotionnels ou même en colère:

> « Toute cette situation, c'est comme si on vous réaménageait votre maison. L'ennui, c'est que des décisions affectant la conception et le climat de la ville dans son ensemble sont prises par des gens qui n'habitaient pas ici avant. C'est le problème des *Wessis* qui ne veulent rien nous laisser. »

Cette citation évoque déjà le problème principal : La ville est unie mais les frontières et différences de culture ne s'estompe pas si vite.

En 2012 Sophie Calle reprend le projet : « Des années plus tard, le Palais de la République a été rasé. J'ai photographié cette absence et demandé aux passants : 'Est-ce que c'est mieux ?' »[32]
Quelques passants remarquent le temps passé et la nostalgie des quelques personnes de l'Est, appelé comme jeu de mot « Ostalgie » en allemand : « C'était il y a longtemps, mon Dieu, si longtemps déjà. Pour moi, c'était le souvenir d'une époque, mais quand c'est fini, c'est fini... Aujourd'hui, il y a encore des rêveurs

---

[29] Calle 2013, p. 18f.
[30] Calle 2013, p. 13.
[31] Calle 2013, p. 22.
[32] Calle 2013, p. 73.

qui disent que dans le temps tout était mieux, mais une fois que c'est fini, c'est fini. »[33] Autour du Palais se développe une discussion si c'est possible de garder des souvenirs et comment, avec des remarques contradictoires : « Ce qui n'est plus là est plus vite oublié » - « Mais on gardera nos souvenirs. »[34] Par le point de vue d'aujourd'hui ce serait assez intéressant de regarder l'endroit en ce moment : Le château absolutiste de Berlin est en train d'être reconstruit sur le même champ, ce que a fait beaucoup de polémique dans la population et chez les experts. Comme l'explique un passant : « Mais c'est toujours pareil à Berlin : on construit, on démolit, on reconstruit et on redémolit ! »[35]

Sophie Calle crée avec cet œuvre un lien entre l'histoire national et l'histoire personnel des gens de ce pays. Leurs souvenirs sont montrés sans commentaire par elle-même. Elle montre aussi les différents types de souvenir et avec ca le fonctionnement du cerveau humain :

« Die gesamte Arbeit von Calle beruht auf der Einsicht, dass die Vergangenheit nicht ist, was sie ist, sondern das, was man aus ihr macht. »[36]

Le cerveau humain a une propension à vouloir constituer des souvenirs, il est donc capable de se souvenir d'un incident qui a peut-être jamais eu lieu, juste à cause d'une image ou d'une narrative suggérée. Ces « faux souvenirs induits » étaient déjà sujet de Sigmund Freud, sur lequel Sophie Calle avait aussi travaillé pour l'œuvre *Appointement with Sigmund Freud* (1998). Cette connotation fait de *Souvenirs de Berlin-Est* une recherche psychologique, dans laquelle elle fait référence à la nature du mémoire comme instrument de la représentation partiale. Elle voit bien le pouvoir du mémoire et avoue toutes ses caractéristiques :

« Its deformations, its vulnerability to the vagaries of time and recall, its relationship to the present, its magical and emotional qualities, but most importantly the way it relates to the objects and images that stimulate its activity. »[37]

En même temps Sophie Calle réalise aussi une recherche politique en montrant les

---

[33] Calle 2013, p. 77.
[34] Calle 2013, p. 77.
[35] Calle 2013, p. 78.
[36] Strowick 2002, p. 147.
[37] Hoadley 2015, p. 124.

différentes méthodes du gouvernement d'effacer et d'influencer les souvenirs de ses citoyens. Les témoignages mélangent les mémoires collectives et les mémoires personnels, ce que donne une dimension à la fois historique et mémorielle à l'œuvre. En présentant une liste officiel du sénat berlinois au début et par ses différents médias, Sophie Calle montre aussi des types de documentation et met en question l'authenticité et l'objectivité des documentations en soi. Les souvenirs et non-souvenirs sont sauvés d'être oubliés, eux et l'absence des monuments visualisé deviennent ensemble un œuvre d'art eux-mêmes:

> « Writing and photography are thus not just means of assembling an archive but in turn become archivable objects that have value in their own right. »[38]

Son travail sur les traces, les objets perdues, la méthode d'enquêter peut s'apparenter a un travail d'archéologue :

> « „The site-specific projects present a 'social archaeology', where Sophie Calle takes the place of an ethnographer. » [39]

Quand bien même est la méthode de Calle plutôt celle d'une collectionneuse et pas celle d'une véritable chercheur scientifique. On peut bien se douter de son objectivité comme elle trie et choisit les citations. Ce faisant ses critères de trie sont pas claires.

> « So sehr sich Calle auch um Sachlichkeit und Neutralität bemüht, ist ihre Stimme doch die der Erzählerin. »[40]

4. L'image de Berlin dans *Souvenirs de Berlin-Est*

Sophie Calle traite très souvent sa propre identité et ses propres souvenirs dans ses œuvres. Ici, c'est l'identité d'une ville qui se construit par les souvenirs de ses habitants. Calle agit comme catalyseur pour les récits autobiographiques des citoyens normaux. En cela elle applique sa stratégie autobiographique au public et à l'art publique. Par cette démarche elle rend visible comment le politique et l'histoire d'une ville se retrouvent dans les vies de gens. Assez souvent elle explore des lieus

---

[38] Hoadley 2015, p. 126.
[39] Hansen 2002, p. 194, voir aussi Knut Ebeling: *Indiz und Intrige. Zur Archäologie des Intimen bei Sophie Calle*, in: *Sophie Calle. Spectrum - Internationaler Preis für Fotografie der Stiftung Niedersachsen*, catalogue de l'exposition *Sophie Calle*, 30 juin – 22 septembre, Sprengel-Museum Hannover, Köln 2002, p. 148.
[40] Ebeling 2002, p. 143.

dans ses œuvres – des villes comme Paris et Venise, mais aussi des endroits comme l'Hôtel ou le lit :

> « Calle has always been interested in subverting stereotypes associated with places, making detours, and observing everyday life from unusual perspectives. In her projects the situation is partly prepared, partly open to the unexpected, starting with a foreseen space but then moving on to the unpredictable spaces of her wanderings and the spaces of her interlocutors' or collaborators' stories, always with accompanying photographs. »[41]

Ici les passant qu'elle rencontre par hasard donnent leur avis sur les monuments publics démontés, ce qu'ouvre l'espace sociale et politique de Berlin, qui agit comme lieu de mémoire. Le livre peut s'apparenter à un guide touristique un peu spécial. Le livre anglais/allemand propose cette interprétation déjà par le sous-titre : « A Berlin Travel Guide ». Il y a aussi un aspect interactif : les images des monuments de Sophie Calle sont imprimés comme cartes postales que les gens peuvent enlever et envoyer avec leurs propres mémoires. Cette caractéristique joue avec l'image touristique de Berlin et rassemble encore plus de souvenirs. De nommer ce livre un guide montre aussi que Sophie Calle s'est déplace elle-même pour explorer Berlin. Le paysage urbain d'une ville forme et influence les identités de ses habitants, positivement et négativement. Une partie de cette physionomie de la ville sont les œuvres d'art dans l'espace public. De changer cette physionomie laisse parfois une vide, que les habitants peuvent sentir en eux. Calle ne s'intéresse pas trop à l'image officielle de Berlin, mais aux récits personnels derrière :

> « By asking the right questions of strangers, intervening in unexpected places, and welcoming the aleatory results, Calle reanimates social and institutional space. »[42]

Le Berlin qui est montré ici est un Berlin uni depuis pas longtemps, où les personnes se ne sont pas tous encore adaptées à la nouvelle situation. L'œuvre pose des questions comme : Est-ce que la réunification est vraiment réussie, si beaucoup de gens n'ont jamais vécu dans un Allemagne uni ? Est-ce que la RDA était juste absorbé par la RFA sans que son existence a encore une signification culturel,

---

[41] Nigel Saint: *Space and Absence in Sophie Calle's Suite vénitienne and Disparitions*, *L'Esprit Créateur*, Volume 51, Number 1, Spring 2011, pp. 125-138, p. 125.
[42] Saint 2011, p. 136.

politique ou économique ? L'enlèvement des symboles de la RDA était un acte politique, mais pour beaucoup des citoyens de l'Est ces symboles faisaient juste partie de leur histoire et culture : la disparation des objets d'art signifie pour beaucoup des citoyens un effacement institutionnalisé de tout un mode de vie.[43]

Le projet amène à des discussions sur l'espace public et l'art démocratique : Qui doit s'occuper de l'espace public ? Pour qui existent des monuments publics ?

Souvenirs de Berlin-Est montre, que pendant la réunification tous les citoyens n'étaient pas traités de la même manière, on croyait devoir rééduquer les anciens citoyens de la RDA. Même dans le projet repris en 2012 on voit encore les différences entre les gens de L'Est et ceux de l'Ouest. Séparés par les mémoires différents, il reste encore un mur entre les citoyens de Berlin. Berlin semble comme ville de futur, mais le futur était pour beaucoup de gens incertain et caractérisé par l'absence. Il fallait créer une nouvelle identité commune. Intéressant dans ce contexte est le fait, que le sénat de Berlin a acheté cet œuvre de Sophie Calle pour sa collection d'art.[44] On peut donc voir les traces de la RDA dans les bâtiments officiels du gouvernement de la RFA aujourd'hui.

Berlin apparaît dans cet œuvre comme exemple extrême pour des questions d'entretien des monuments, le développement d'une ville et le maniement de son histoire particulière, ainsi que les liens entre la politique et les vies des gens.

> « The *Detachment's* inscription of this everyday space of 'users' marks it as a signifcant project on this specific part of Berlin history. »[45]

---

[43] Cf. Hoadley 2015, p. 129.
[44] *Deutscher Bundestag*, collection d'art, https://www.bundestag.de/besuche/kunst/kuenstler/calle (consulté le 24.03.2017).
[45] Hansen 2002, p. 200.

5. Bibliographie

Actes Sud, http://www.actes-sud.fr/contributeurs/calle-sophie (consulté le 24.03.2017).

Calle, Sophie: *Souvenirs de Berlin-Est*, Paris 2013.

Centre Pompidou: *Sophie Calle. M'as-tu vue*, dossier de presse, https://www.centrepompidou.fr/media/document/33/a6/33a672f067dc64d39997b59d 44703d3a/normal.pdf (consulté le 24.03.2017).

Deutscher Bundestag, collection d'art, https://www.bundestag.de/besuche/kunst/kuenstler/calle (consulté le 24.03.2017).

Ebeling, Knut: *Indiz und Intrige. Zur Archäologie des Intimen bei Sophie Calle*, dans: *Sophie Calle. Spectrum - Internationaler Preis für Fotografie der Stiftung Niedersachsen*, catalogue de l'exposition Sophie Calle, 30 juin – 22 septembre, Sprengel-Museum Hannover, Köln 2002.

Galerie Perrotin, https://www.perrotin.com/artists/Sophie_Calle/1#news (consulté le 24.03.2017).

Galerie Arndt, http://www.arndtfineart.com/website/artist_937?idx=c (aufgerufen 24.03.2017).

Hoadley, Debra: *Time and place in the books of Sophie Calle*, Melbourne 2015.

Rentsch, Stefanie: *Hybrides Erzählen. Text-Bild-Kombinationen bei Jean Le Gac und Sophie Calle*, München 2010.

Saint, Nigel: *Space and Absence in Sophie Calle's Suite vénitienne and Disparitions*, *L'Esprit Créateur*, Volume 51, Number 1, Spring 2011, pp. 125-138.

Strowick, Elisabeth: *Intime Akte(n). Theoretische „Annäherungen" an die Arbeiten von Sophie Calle*, dans: *Sophie Calle. Spectrum - Internationaler Preis für Fotografie der Stiftung Niedersachsen*, catalogue de l'exposition Sophie Calle, 30 juin – 22 septembre, Sprengel-Museum Hannover, Köln 2002.

Schube, Inka: *Dekonspiration und Mimikry. Die Bemächtungsstrategien der Sophie Calle*, dans: *Sophie Calle. Spectrum - Internationaler Preis für Fotografie der Stiftung Niedersachsen*, catalogue de l'exposition Sophie Calle, 30 juin – 22 septembre, Sprengel-Museum Hannover, Köln 2002.

Vest Hansen, Malene: *Public Places - Private Spaces Conceptualism, Feminism and Public Art: Notes on Sophie Calle's The Detachment, Konsthistorisk tidskrift/Journal of Art History*, 71:4 (2002), p. 194-203.

6. Images et références des images

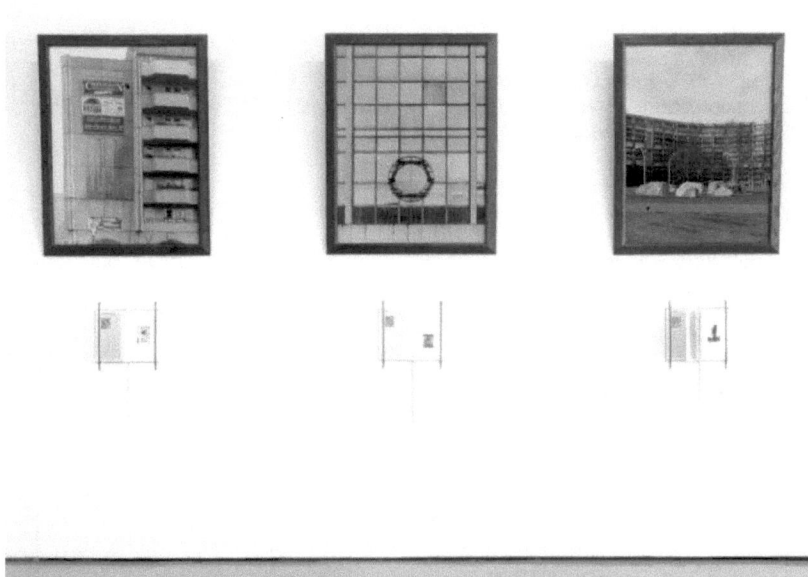

Fig. 1 : Sophie Calle „The Detachment - Die Entfernung", vue d'exposition, Galerie Arndt, Berlin, 1996.

http://www.arndtfineart.com/website/page_11944 (consulté le 24.03.2017).

Fig. 2 : Lénine (Ambassade de Russie), à gauche photographié par Sophie Calle, à droite photographie historique.

Sophie Calle : *Souvenirs de Berlin-Est*, Paris 2013, p. 11 et 15.

Fig. 3 : Lénine (Place des Nations-Unies), à gauche photographié par Sophie Calle, à droite photographie historique.

Sophie Calle : *Souvenirs de Berlin-Est*, Paris 2013, p. 16 et 23.

Fig. 4 : Insignes de la RDA (Palais de la République), à gauche photographiés par Sophie Calle, à droite photographie historique.

Sophie Calle : *Souvenirs de Berlin-Est*, Paris 2013, p. 42 et 45.

SUR GRIN VOS CONNAISSANCES
SE FONT PAYER

- Nous publions vos devoirs
  et votre thèse de bachelor et master

- Votre propre eBook et livre –
  dans tous les magasins principaux du monde

- Gagnez sur chaque vente

Téléchargez maintentant sur www.GRIN.com
et publiez gratuitement